Jule Philippi

WEISE WORTE AUS POLITIK UND GESELLSCHAFT

Rowohlt Taschenbuch Verlag

Originalausgabe
Veröffentlicht im Rowohlt Taschenbuch Verlag,
Reinbek bei Hamburg, September 2005

Umschlaggestaltung ZERO Werbeagentur, München
(Foto: FinePic in Verwendung von Masken
der Firma Krautwurst)
Typoflage Daniel Sauthoff
Satz Plantin PostScript, QuarkXPress 4.1
(Abbildungen im Innenteil: dpa)
Druck und Bindung Clausen & Bosse, Leck
Printed in Germany
ISBN 3 499 62079 0

George W. Bush, der 43. Präsident der Vereinigten Staaten von Amerika, ist berühmt für seine Versprecher. ‹Bushisms› nennt sie der Volksmund. Und alle Welt rätselt: Was ist mit dem Mann los? Ein genetischer Defekt? Legasthenie? Schusseligkeit?

Schauen wir nach Deutschland. Schnell wird klar: Deutsche Politiker stehen George W. Bush in puncto Versprecher in nichts nach. Die Stilblüten unseres Altbundeskanzlers Helmut Kohl sind noch heute in aller Munde, etwa wie er einst diagnostizierte: «Gestern standen wir mit den Füßen vor dem Abgrund. Heute sind wir schon ein großes Stück weiter.»

Und Helmut Kohl hat in Angela Merkel, Edmund Stoiber, Franz Müntefering und vielen anderen würdige Nachfolger gefunden. Sprachliche Fehlleistungen unterlaufen aber nicht nur Politikern. Auch Sportler, Schauspieler, Moderatoren und Talkmaster produzieren Stilblüten. Sind alle Personen des öffentlichen Lebens Legastheniker? Oder sind sie, wie der Autor Gerhard Henschel meint, einfach «ein bisschen dusselig»? Die meisten von ihnen sind schlicht Menschen. Menschen, die manchmal unkonzentriert sind. Und deshalb passieren ‹Bushisms›. In Deutschland und Amerika und überall sonst auf der Welt. Zu allen Zeiten. Und das ist gut so. Denn sie sorgen dafür, dass zähe Politikerreden amüsanter werden, quälend langweilige Talkshows an Unterhaltungswert gewinnen und wir selbst schadenfroh schmunzeln können.

Bleibt deshalb zu hoffen, dass wir auch in Zukunft noch viele dieser «weisen Worte» hören werden. In diesem Sinne wird's jetzt spannend: «Halten Sie Luft an, und vergessen Sie das Atmen nicht!»

Jule Philippi

ÜBER DAS DEUTSCHE

«Nehmen wir uns doch ein Beispiel an den Franzosen, die selbstbewusst und schöpferisch die anglisierte Terminologie in die eigene Sprache übersetzen! Seien auch wir auf Linie.»
(Edmund Stoiber, Ministerpräsident von Bayern)

«Es darf in Brüssel nicht zu einem Einstieg in den Ausstieg aus der deutschen Sprache kommen.»

(Rudolf Köberle, Bundesratsminister von Baden-Württemberg)

«Wir bitten euch, lernt Deutsch und arbeitet und feiert mit uns gemeinsam.»

(Günther Beckstein, bayerischer Innenminister, in Köln bei einer der größten Demonstrationen von Moslems in Deutschland)

«… wir müssen den Kindern mehr Deutsch lernen.»

(Edmund Stoiber, Ministerpräsident von Bayern, über die Bildungspolitik in Deutschland)

FREMDWÖRTER

«Sie haben sich hier, Frau Merkel, etwas apokryph geäußert.»
(Joschka Fischer, Außenminister)

«Ich hasse Anglizismen. Das ist Bullshit.»
(Georg Kofler, Manager von Premiere)

METAPHERN

«Die Geschichte, von der wir reden, qualmt noch.»
(Rainer Eppelmann, CDU-Politiker)

«Wichtig für mich ist, dass wir den Atomausstieg nicht an die Wand fahren.»
(Antje Radtke, Sprecherin der Grünen, in «Berlin direkt»)

«Äh … zum anderen sehe ich äh das Fenster der … äh Gelegenheit … äh … das Fenster für eine Lösung noch auf der Grundlage der bisherigen Vereinbarungen für möglich … äh.»
(Edmund Stoiber, Ministerpräsident von Bayern, zur Föderalismusreform)

«Das rächt sich wie das Amen in der Kirche.»
(Helmut Kohl, Altbundeskanzler)

DOPPELT GEMOPPELT

«Telefonieren Sie mit uns, oder rufen Sie uns an!»
(Jörg Wontorra, Sportjournalist, in «ran», SAT.1)

«Wir sehen Land in Sicht …»
(Wolfgang Clement, Wirtschaftsminister)

«Es ist deshalb nicht immer ganz einfach, weil es oft schwierig ist.»
(Günther Beckstein, bayerischer Innenminister)

«Ich bejahe diese Frage rundherum mit ja.»
(Helmut Kohl, Altbundeskanzler)

«Ich bin ja weder Christ noch katholisch.»
(Nadja Abdel Farag, Exfreundin von Dieter Bohlen)

«Uns bläst der Wind von vorn ins Gesicht ...»
(Friedrich Merz, CDU-Politiker)

«Das ist ein Prozess, wo man sein ganzes Input reintut.»
(Juliane Werding, Sängerin, in der «NDR Talk Show»)

«Darf ich noch etwas sagen, bevor ich anfange zu reden?»
(Sven Kuntze, Korrespondent, im ARD-Morgenmagazin)

«Ich beteilige mich nicht an der Debatte, weil ich mich raushalte.»
(Wolfgang Schäuble, CDU-Politiker)

«Wir schenken Ihnen einen Volkswagen oder einen Polo …»
(Michael Thürnau, Moderator, in «Bingo!», N3)

«Herzlich willkommen, liebe Zuschauer – vor den Bildschirmen und natürlich auch zu Hause …»
(Kai Pflaume, Moderator)

«Die Schwierigkeit ist das Problem …»
(Helmut Kohl, Altbundeskanzler)

«Und in der Realität gibt's das auch in Wirklichkeit.»
(Gerhard Schröder, Bundeskanzler)

«Ich suche einen Mann, der auch optisch was fürs Auge ist.»
(Christel Harthaus, Schauspielerin, in «Extra», RTL)

«Das hat jetzt ganz Deutschland gehört, wenn nicht sogar die ganze Bundesrepublik.»
(Esther Schweins, Schauspielerin, bei Viva)

«Unser Manager überlegt, ob wir nicht eine Open-Air-Tournee machen und draußen auftreten …»
(Dieter Bohlen, Sänger, in «Blitz», SAT.1)

«Man sollte mit Prophezeiungen und Vorhersagen, wenn sie die Zukunft betreffen, sehr vorsichtig sein!»
(Manfred Eisele, Generalmajor a. D.)

«Mein Ring ist ein Unikat – meine Frau hat genau den gleichen.»
(Oliver Geissen, Moderator, in «Exclusiv-Weekend», RTL)

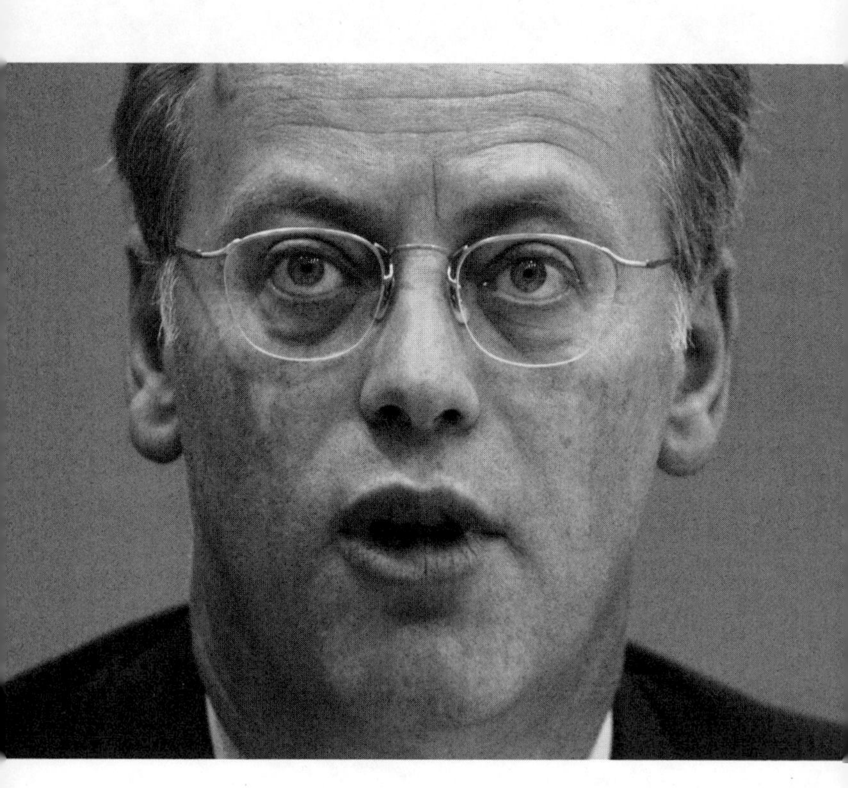

«Ihr dürft flüstern ohne Ende, aber nicht zu lange.»

(Daniela Noack, Moderatorin, in «BZZZ», SAT.1)

«Da steht es – für alle, die nichts lesen können.»

(Britta von Lojewski, Moderatorin, in «Kochduell», VOX)

«Rechnen wir mal mit dem Schlimmsten – das ist wahrscheinlich das Beste!»

(Friedhelm Busch, Moderator)

«Wir müssen alles unterlassen, was den Eindruck vermeiden könnte ...»

(Joschka Fischer, Außenminister)

«Du kannst jetzt so viel abräumen, wie du willst – maximal 5000 Mark!»

(Thomas Koschwitz, Moderator, in «Hast Du Worte!?», SAT.1)

«Wir haben jetzt klare Verhältnisse, aber wir wissen noch nicht welche.»

(Lothar Späth, ehemaliger Ministerpräsident von Baden-Württemberg, in «Späth am Abend», n-tv)

«Ich habe die Frage beantwortet: Ich beantworte die Frage nicht.»

(Helmut Kohl, Altbundeskanzler, zur Frage nach anonymen CDU-Spendern)

«Ein schlimmer Unfall. Aber Gott sei Dank kein so schlimmer Unfall.»
(Max Schautzer, Moderator, im «Fernsehgarten», ZDF)

«Ich kann's von hier aus nicht sehen, aber es sieht nicht gut aus!»
(Linda de Mol, Moderatorin, beim «Domino Day», RTL)

«Die glauben doch, wir sind zu nichts fähig außer zu allem …»
(Sigmar Gabriel, ehemaliger Ministerpräsident von Niedersachsen, in «Berlin Mitte»)

«Ich suche noch einen Partner für meine Solokarriere.»
(Anke Engelke, Moderatorin und Schauspielerin)

«Es sind ja gar nicht die Raser, die so schnell fahren.»
(Martin Bangemann, ehemaliger Wirtschaftsminister)

«Ich habe hier einen Satz von Ihnen, den finde ich so schön. Hoffentlich finde ich ihn.»
(Frank Elstner, Moderator, zu Wieland Backes in «Menschen der Woche», SWR)

«In den letzten Wochen war ich an Orten, die ich nicht kenne, und auch nicht dachte, sie je wiederzusehen ...»

(Sabrina Setlur, Sängerin)

«Ich wusste nicht, durch welche Tür ich gehen sollte, obwohl es da nur eine gab ...»

(Verona Feldbusch, ehemalige Schönheitskönigin, in der «Johannes B. Kerner Show», ZDF)

«Es ist nicht so, dass wir darüber nicht sprechen. Wir reden nur nicht darüber.»

(Johannes Rau, Altbundespräsident)

«Wenn es um Ernährung und Gesundheit geht, gibt es keine Kompromisse – deshalb haben wir diesen Kompromiss gemacht.»

(Klaus Kinkel, ehemaliger Außenminister)

«Wir haben steinerne Gefäße genommen – in diesem Fall aus Silber.»
(Britta von Lojewski, Moderatorin, im «Kochduell», VOX)

«Wir hatten Rückenwind von vorn.»
(Bernhard Vogel, ehemaliger Ministerpräsident von Thüringen)

«Der Arbeitsminister hat sein Schweigen gebrochen und nichts gesagt.»
(Norbert Blüm, ehemaliger Arbeitsminister)

«Die Gäste, die schon ins Restaurant gegangen sind, stehen noch auf der Straße.»
(Ulrich Wickert, Moderator, in den «Tagesthemen», ARD)

«Ich kann nicht schätzen, ich kann nur raten. Ich schätze mal ...»

(Guido Westerwelle, Vorsitzender der FDP)

«Das ist rasender Stillstand.»

(Werner Schulze, Bündnis 90/Die Grünen)

DIE DEBATTE UM EIN ZUWANDERUNGSGESETZ

«Da muss die Vergewaltigung durch Herrn Schröder folgen.»

(Günther Beckstein, bayerischer Innenminister [CSU], als Aufforderung an den Bundeskanzler, einen Zuwanderungskompromiss notfalls gegen die Grünen durchzusetzen)

«Einwanderer erhalten von der Einreise an Integrationsangebote, zumal Deutschland recht kompliziert ist mit gesetzlichen Ladenöffnungszeiten, drei verschiedenen Mülltonnen und dem Preissystem der Deutschen Bahn.»

(Otto Schily, Innenminister, in einer Rede zur Zuwanderung am 21. Juni 2004 in Potsdam)

«Wir sind im Gegensatz zu Heiner Geißler keine multikulturelle Gesellschaft.»

(Theo Waigel, ehemaliger Finanzminister, in «Bayernzeit», BR)

«Ich werde keinen Türken zwingen, dass er künftig Eisbein statt Döner Kebab essen soll. Mir schmeckt übrigens auch Döner Kebab besser als Eisbein!»

(Otto Schily, Innenminister, zum Thema Integration)

WAHLEN

«Zur Wahl stehen Herr Professor Dr. Horst Köhler und Herr Professor Dr. Gesine Schwan.»

(Wolfgang Thierse, Bundestagspräsident, am 23. Mai 2004 in Berlin bei der Vorstellung der Kandidaten für das Amt des Bundespräsidenten)

«48,5 Prozent für die Sozialdemokraten zusammen mit den Grünen und SSW gegenüber 46,8 Prozent bei den anderen. Also 48,5 zu 86 …»
(Franz Müntefering, Bundesvorsitzender der SPD)

«Und jetzt – das ist unsere Position, nie haben wir etwas anderes gesagt – wenn wir im September die Mehrheit bekommen, dann kann ich nur sagen – und deckungsgleich … äh … Herr Merz … äh … äh … Frau … äh … äh … Frau Merkel oder ich oder wer auch immer, das ist die Position von CDU/CSU …»
(Edmund Stoiber, Ministerpräsident von Bayern)

«Bei uns knallen heute Abend die Sektgläser.»
(Peter Harry Carstensen, Ministerpräsident von Schleswig-Holstein, nach der gewonnenen Wahl)

«Ich möchte im Konsens so weit das nur geht mit den widerstrebenden Interessen in Deutschland Lösungen erzwingen.»
(Edmund Stoiber, Ministerpräsident von Bayern)

«Schon vor einem Jahr sagte ich, dass wir zwischen 15 und 20 Prozent erreichen. Damals hat man mich für einen Spinner gehalten. Jetzt hat sich das bestätigt …»
(Ronald Barnabas Schill, ehemaliger Innensenator von Hamburg, am Abend der Bürgerschaftswahl 2001)

«Der Abend ist noch lang, und ich werde noch kein Glas Champagner öffnen, aber es wird bald sein.»
(Edmund Stoiber, Ministerpräsident von Bayern)

«Ich halte es für unverantwortlich, dass Sie ein paar Tage später aus Wahlkampfgründen eine Position eingenommen haben, die ich für unverantwortlich halte.»

(Edmund Stoiber, Ministerpräsident von Bayern)

«Schön ist es, dass man jetzt von den Alpen bis zur Nordsee durch befreundete Länder fahren kann.»

(Michael Glos, CSU-Landesgruppenchef, nach der Landtagswahl-Niederlage der SPD in Schleswig-Holstein)

«Es ist gefährlich, auf dem Rücken der Ausländer in den Wahlkampf zu gehen.»

(Cornelia Schmalz-Jacobsen, FDP-Politikerin)

«Ich sage Ihnen eines: Auch die Stammtische können lesen und ihr Kreuz bei der Wahl machen.»

(Klaus Rainer Röhl, Journalist, Exmann von Ulrike Meinhof)

«Richtig ist, dass der Kanzler vor mir lag und dass ich vor dem Kanzler lag.»

(Angela Merkel, CDU-Vorsitzende und Kanzlerkandidatin, über die wechselnde Beliebtheit der beiden Politiker)

STRAFJUSTIZ

«Wir müssen bei den Spannern und Exhibitionisten genauer hinschauen!»
(Ulrich Goll, FDP-Justizminister Baden-Württembergs, zu härteren Strafen für Voyeure)

«Wer umgelegt worden ist, kann nicht mehr ausbilden.»
(Peer Steinbrück, ehemaliger Ministerpräsident von Nordrhein-Westfalen)

«Wir hacken uns da gegenseitig nicht die Zähne aus.»
(Herbert Grönemeyer, Sänger)

«Man muss dann diese Täter – und es sind Täter äh an den Opfern äh Deutschlands – diese Täter muss man mit allen Mitteln an die Wand stellen – ich meine jetzt sprachlich natürlich.»

(Edmund Stoiber, Ministerpräsident von Bayern, zum NPD-Skandal)

«Wir lassen uns natürlich nicht verprügeln von Merkel und Stoiber und von Söder schon gar nicht.»

(Gerhard Schröder, Bundeskanzler)

«Ich bin der festen Überzeugung, dass äh die DNA-Analyse der genetische Fingerabdruck … äh … des 21. Jahrhunderts äh ist werden und vielmehr werden muss.»

(Edmund Stoiber, Ministerpräsident von Bayern, nach dem schnellen Fahndungserfolg im Mordfall Moshammer)

«Herr Ströbele und andere schmeißen mit Geschützen ...»
(Angela Merkel, CDU-Vorsitzende und Kanzlerkandidatin)

«Schmeißen Sie die ganzen Experten in den Papierkorb. Und tun Sie die ganzen Professoren noch dazu.»
(Helmut Schmidt, Altbundeskanzler, am 23. Dezember 2003 zu Prognosen, die Weltkonjunktur werde nach kurzer Erholung wieder abstürzen)

«Die Opfer legten den Täter in den Kofferraum und zündeten das Auto an ...»
(Wolfram Kons, Moderator, in «Punkt 12», RTL)

«Schon wieder ist in Brandenburg ein Gefängnis aus dem Knast ausgebrochen.»
(Ulrich Meyer, Moderator, in «18:30», SAT.1)

«Ich freue mich immer auf den 3. Oktober, den Tag, an dem die Mauer fiel – egal, ob in München oder irgendwo in Deutschland.»
(Carolin Reiber, Moderatorin, in «Die volkstümliche Hitparade», ZDF)

«Das deutsche Vaterland hat Hitler überlebt und wird uns überleben, wenn wir nur wollen.»
(Helmut Kohl, Altbundeskanzler)

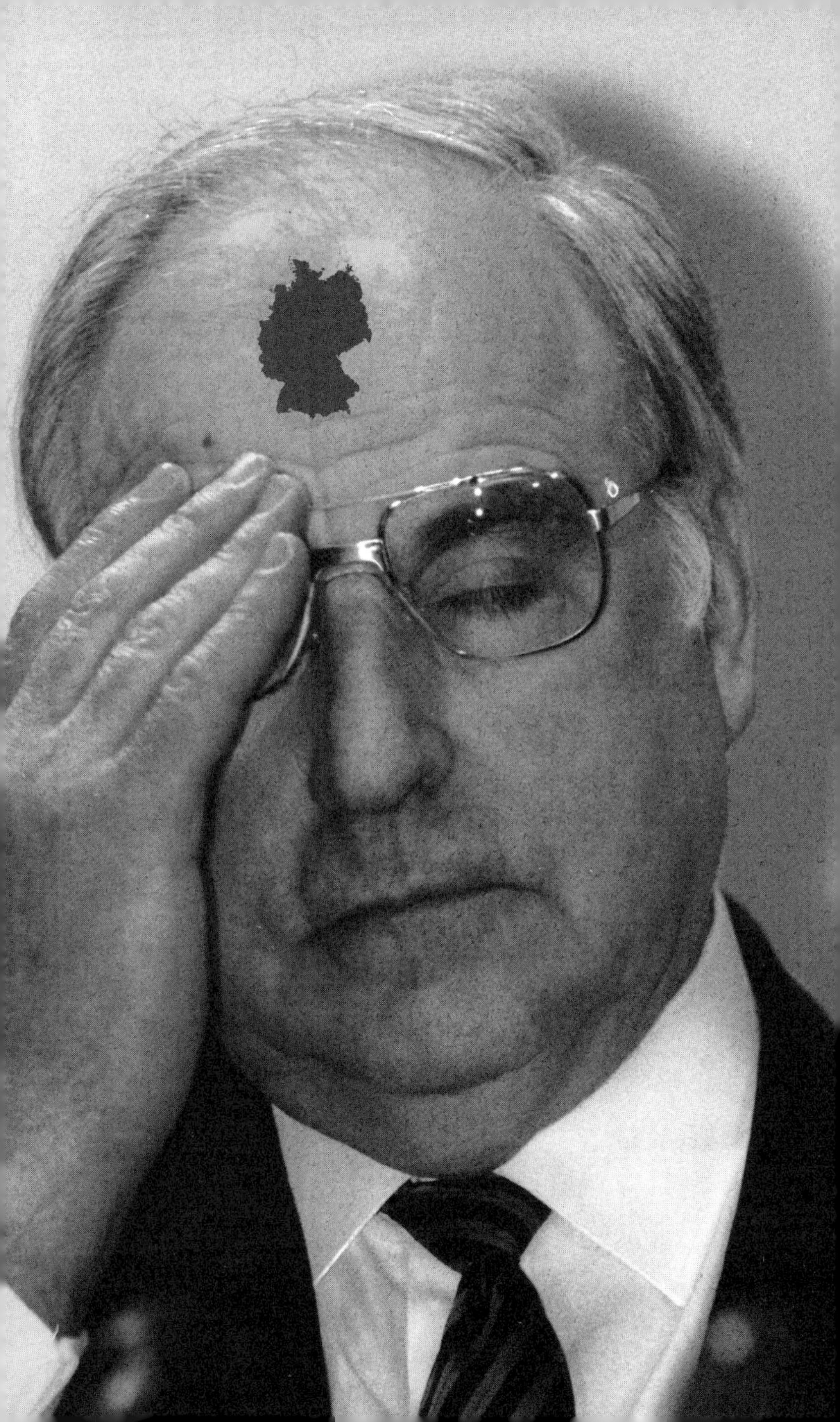

«Wir müssen uns ernsthaft fragen, ob es richtig ist, die Kinder im Alter von zehn Jahren auszusortieren.»
(Edelgard Bulmahn, Bildungsministerin, zum mittelmäßigen Ergebnis der Deutschen beim Schulvergleich Pisa)

«Die Schere zwischen den guten und den

schlechten Schülern ist größer geworden.»
(Edelgard Bulmahn, Bildungsministerin)

HER MASTER'S VOICE"

«Es geht doch nicht darum, dass die Parteivorsitzenden nach ihren Schlafzimmern bewertet werden, es geht um die Arbeitszimmer.»

(Guido Westerwelle, Vorsitzender der FDP)

«Uns hat im Grunde genommen die Entscheidung sehr schnell herbeigeeilt.»

(Cornelia Pieper, FDP-Politikerin, zu ihrer neuen Position als Vorsitzende des Bundestags-Bildungsausschusses)

«Im Verlaufe des Tages wird auch Michael Glos zu uns kommen. Auch ihn begrüße ich schon in sozusagen voraussehender Zukunft.»

(Angela Merkel, CDU-Vorsitzende und Kanzlerkandidatin, auf dem CDU-Parteitag in Düsseldorf, 2004)

«Erst mussten wir den Karren aus dem Dreck ziehen, dann haben die Räder noch geknarrt, doch nun ist er in gutes Fahrwasser geraten.»
(Gunda Röstel, Grünen-Sprecherin, in «heute», ZDF)

«Wir haben die Talsohle erreicht, und wir haben sie in Freiheit erreicht. Das ist eine phantastische Sache.»
(Helmut Kohl, Altbundeskanzler)

POLITIKER ÜBER SICH

«Wenn ich es ganz genau gemeint hätte, hätte ich es auch ganz genau gesagt.»
(Michael Glos, Landesgruppenchef der CSU)

«Ich lebe davon, dass ich seit vielen Jahren von vielen chronisch unterschätzt werde, und ich hoffe, das bleibt auch so.»
(Helmut Kohl, Altbundeskanzler)

«Das habe ich auch nicht genau verstanden, was ich damit meine.»

(Reinhard Bütikover, Vorsitzender der Grünen)

«Zwischen mir und meinen Positionen ist nachgewiesenermaßen doch ein gewisser Unterschied.»

(Guido Westerwelle, FDP-Vorsitzender)

«Sie sagen einmal, ohne meine Frau hätte ich dieses Amt nicht ausfüllen können. Ich bin überzeugt, auch mir wird es nicht anders gehen.»

(Horst Köhler zu Johannes Rau in seiner Antrittsrede als Bundespräsident)

«Beim Lesen des Briefes kann ich meine Gedanken nicht ausschalten, also ich denke darüber nach.»

(Angela Merkel, CDU-Vorsitzende und Kanzlerkandidatin)

«Ich habe keinen Laptop und auch keine Lederhose. Das macht mein Büro und daheim mein Sohn.»

(Manfred Weiss, Justizminister von Bayern)

«Viele waren von der Entscheidung für Herrn Ost überrascht; ich nicht, denn ich habe sie ja selbst getroffen.»

(Helmut Kohl, Altbundeskanzler)

«Obwohl Günter Rexrodt noch nichts gesagt hat, möchte ich an seine Worte anknüpfen ...»

(Guido Westerwelle, FDP-Vorsitzender)

«Ich habe mich undeutlich genug ausgedrückt, um verstanden zu werden.»

(Hans-Jochen Vogel, SPD-Politiker, bei «Sabine Christiansen», ARD)

«Wenn auf Parteitagen wieder einmal für ein Tempolimit von 100 gestimmt wurde, habe ich wenigstens den Mut aufgebracht, auf die Toilette zu verschwinden.»

(Gerhard Schröder, Bundeskanzler)

«Wer bin ich, dass ich gegen Polemik sein könnte?»
(Joschka Fischer, Außenminister)

«Ich verspreche nichts, was ich auch halten kann.»
(Reinhard Höppner, ehemaliger Ministerpräsident von Sachsen-Anhalt)

«In meinem Ministerium darf jeder das tun, was ich will.»
(Otto Schily, Innenminister)

«Ich weiß nicht, was Joschka Fischer darüber denkt, aber ich denke genauso.»
(Gerhard Schröder, Bundeskanzler)

«Erstens brülle ich nie, zweitens mit Sicherheit nicht im kleinen Kreis.»
(Edmund Stoiber, Ministerpräsident von Bayern)

«Offensichtlich war es den CDU-Spitzenpolitikern nicht mehr ausreichend, dass sie sich nur gegenseitig widersprechen. Sie haben sich jetzt entschlossen, sich auch noch selbst zu widersprechen.»
(Reinhard Bütikofer, Vorsitzender der Grünen)

«Sie werden halt nicht als irgendwie kompetent oder relevant angesehen, also Kompetenzrelevanz, oder: Ihre Kompetenz wird nicht als genügend relevant angesehen.»
(Edmund Stoiber, Ministerpräsident von Bayern, über die bayerische SPD)

«Volker Kauder kennt die Partei wie seine Wesentasche, so er eine Weste trägt.»
(Angela Merkel, CDU-Vorsitzende und Kanzlerkandidatin)

«Der Bundeskanzler sollte sich weniger mit dem Hundeshampoo seiner Frau beschäftigen.»

(Laurenz Meyer, ehemaliger Generalsekretär der CDU)

«Der ist ein blendender Redner, wenn man vom Inhalt absieht.»

(Michael Glos, Landesgruppenchef der CSU, über Bundeskanzler Gerhard Schröder)

«Weil die Regierungsarbeit und die Zerstrittenheit der Opposition – weil die Zerstrittenheit – Entschuldigung – weil die Zerstrittenheit der Regierung von der Opp … Sie sind aber wirklich … sie sind aber wirklich einfach zu befriedigen!»

(Angela Merkel, Vorsitzende der CDU und Kanzlerkandidatin)

«Seine persönliche Glaubwürdigkeit, sein Eintreten für Marktwirtschaft, Demokratie und Menschenrechte ist für mich … äh … unglaublich glaubwürdig und damit auch überzeugend.»

(Horst Köhler, Bundespräsident)

«Wissen Sie – Bundestagsabgeordnete, die können stundenlang labern und labern und labern. Das halte ich mit den Nerven nicht durch.»

(Wolfgang Böhmer, Ministerpräsident von Sachsen-Anhalt)

«Herr Eichel wird vorlegen, und wir werden uns das dann ansehen und dann weitersehen.»
(Edmund Stoiber, Ministerpräsident von Bayern)

«Herr Bundeskanzler, wenn Sie dieser Meinung ehrlich sind, dann werden Sie Deutschland in den Untergang führen, das sage ich Ihnen ganz schwarz auf weiß!»
(Angela Merkel, Vorsitzende der CDU und Kanzlerkandidatin)

«Wir brauchen ihn zum Denken.»
(Angela Merkel, Vorsitzende der CDU und Kanzlerkandidatin, über Wolfgang Schäuble)

REGELN

«Dann hätte man eine Bundesregelung, man hätte für Deutschland eine Regelung, äh hätte keine regellose Regelung, und die Länder, die das nicht regeln wollen, haben dann die Bundesregelung und die Länder, die das regeln wollen, können dann das für sich regeln.»
(Edmund Stoiber, Ministerpräsident von Bayern)

FORTSCHRITT

«Gestern standen wir noch mit den Füßen vorm Abgrund, heute sind wir schon ein großes Stück weiter!»
(Helmut Kohl, Altbundeskanzler)

ARBEITSMARKT

«Wir wollen der Arbeitslosigkeit gleichsam den Nachwuchs entziehen.»
(Gerhard Schröder, Bundeskanzler)

«Wir sind das Land, das am wenigsten Arbeitsplätze abbaut. Wir sind Schlusslicht im Abbau der Arbeitsplätze.»
(Edmund Stoiber, Ministerpräsident von Bayern)

«Wir können nicht davon überleben, dass wir uns jeden Tag gegenseitig die Haare schneiden.»
(Friedrich Merz, CDU-Politiker)

«Es gibt Elektriker, die verdienen 2000 Mark als Geselle im ersten Lehrjahr.»

(Siegmar Gabriel, ehemaliger Ministerpräsident von Niedersachsen)

«Wenn man von diesen fünf Millionen Arbeitslosen nur zehn Millionen vermitteln würde, wäre das schon ein Fortschritt.»

(Talkgast bei «Hans Meiser», RTL)

«Eine gemischt-lohnabhängige Arbeitgeberbeitrags-Fonds-steuerergänzungsfinanzierte-Teilpauschalprämie.»

(Dieter Hundt, Arbeitgeberpräsident)

«Natürlich verdiene ich unheimlich viel Geld, und ich hoffe, dass das jeder in Deutschland tut, dann haben wir nämlich keine Sorgen mehr, dann haben wir keine Arbeitslosen mehr und eine super Finanzsituation.»
(Dieter Bohlen, Sänger, in «Wetten, dass ...?», ZDF)

«Die Finanzmärkte schüttelten sich vor Lachen.»
(Michael Glos, Landesgruppenchef der CSU, bei der Haushaltsdebatte für 2005)

«Die Mark wird durch den Euro sicherer.»
(Theo Waigel, ehemaliger Finanzminister)

«Die nackten Einwohner werden dann die Bemessungsgrundlage für den Länderfinanzausgleich bilden.»

(Erwin Teufel, ehemaliger Ministerpräsident von Baden-Württemberg)

WERTPAPIERE

«Die DAX-Gewinner kann man heute an einer Hand abzählen – wir haben im Moment sechs Werte im Plus.»

(Roland Klaus, Moderator, in der «Telebörse», n-tv)

«Zu den Verlierern des Tages zählt heute die RWE-Aktie, genauer gesagt die SAP-Aktie.»

(Roland Klaus, Moderator, beim Börsenbericht, n-tv)

«Ich kann ausschließen, dass ich keine unkorrekten Spenden angenommen habe.»
(Michael Glos, Landesgruppenchef der CSU, am Rande einer Parteiveranstaltung in Berlin)

«Die CDU-Spendenaffäre ist ein einmaliger Vorgang. Das hat es bei der Flick-Affäre auch schon mal gegeben.»
(Kerstin Müller, Grünen-Sprecherin, auf NDR Info)

«Herr Gerster ist zur Stunde das, was er ist.»
(Hans Langguth, Vizeregierungssprecher)

FAMILIE

«An meiner Frau schätze ich äh … , ja gut äh … , die … äh, Attraktivität, die sie über all diese Jahre behalten hat, und äh und die absolute ääääääh … Familienorientiertheit.»

(Edmund Stoiber, Ministerpräsident von Bayern)

«Wir brauchen Eltern, die ihre Kinder zu Wissbegierde erziehen und auch einmal verstehen, wenn nach dem Experimentieren der Teppich ein Loch hat.»

(Horst Köhler, Bundespräsident)

«Wenn heute eine Familie ein Kind bekommt, eine Frau mit ihrem Mann oder umgekehrt, wenn ein Kind, wenn ein Kind zur Familie kommt …»

(Edmund Stoiber, Ministerpräsident von Bayern)

«Warum haben wir so wenig Kinder. Ich kümmere mich darum, und ich finde dabei viel Unterstützung.»

(Angela Merkel, Vorsitzende der CDU und Kanzlerkandidatin)

«Meine Tochter ist jetzt drei Monate und vier Wochen alt.»

(Nadja Auermann, Top Model, in der Harald Schmidt Show, SAT.1)

«Du hast deine Kinder auch relativ schnell hintereinander bekommen. Es waren, wenn ich mich richtig erinnere, nur zwei Monate dazwischen.»

(Verona Feldbusch, ehemalige Schönheitskönigin)

«Seit wann weißt du, dass du einen leiblichen Vater hast?»
(Sonja Zietlow, Moderatorin, in ihrer Talkshow, SAT.1)

«Wer ja sagt zur Familie, muss auch ja sagen zur Frau.»
(Helmut Kohl, Altbundeskanzler)

«Andrea und Ralf – ihr seid Brüder …»
(Jörg Pilawa, Moderator, in seiner Talkshow, SAT.1)

Günther Jauch: «Sind Sie Mutter?»
Kandidatin: «Ja!»
Jauch: «Haben Sie auch Kinder?»
(in der SKL-Show, RTL)

Kandidatin: «... und ich kümmere mich um meine beiden Kinder!»
Jauch: «Wie viele Kinder haben Sie denn?»
(bei «Wer wird Millionär?», RTL)

FRAUEN

«Als ich den Kölner Kardinal Meissner bei einer Podiumsdiskussion einmal fragte, bis wann ich auf die erste katholische Priesterin warten müsste, da antwortete er: ‹Bis zum jüngsten Tag›. Und das ist ziemlich lang.»
(Michael Vesper, ehemaliger Kulturminister von Nordrhein-Westfalen, zum Frauenbild der katholischen Kirche)

«Die Mehrheit der deutschen Frauen ist weiblich.»

(Helmut Kohl, Altbundeskanzler)

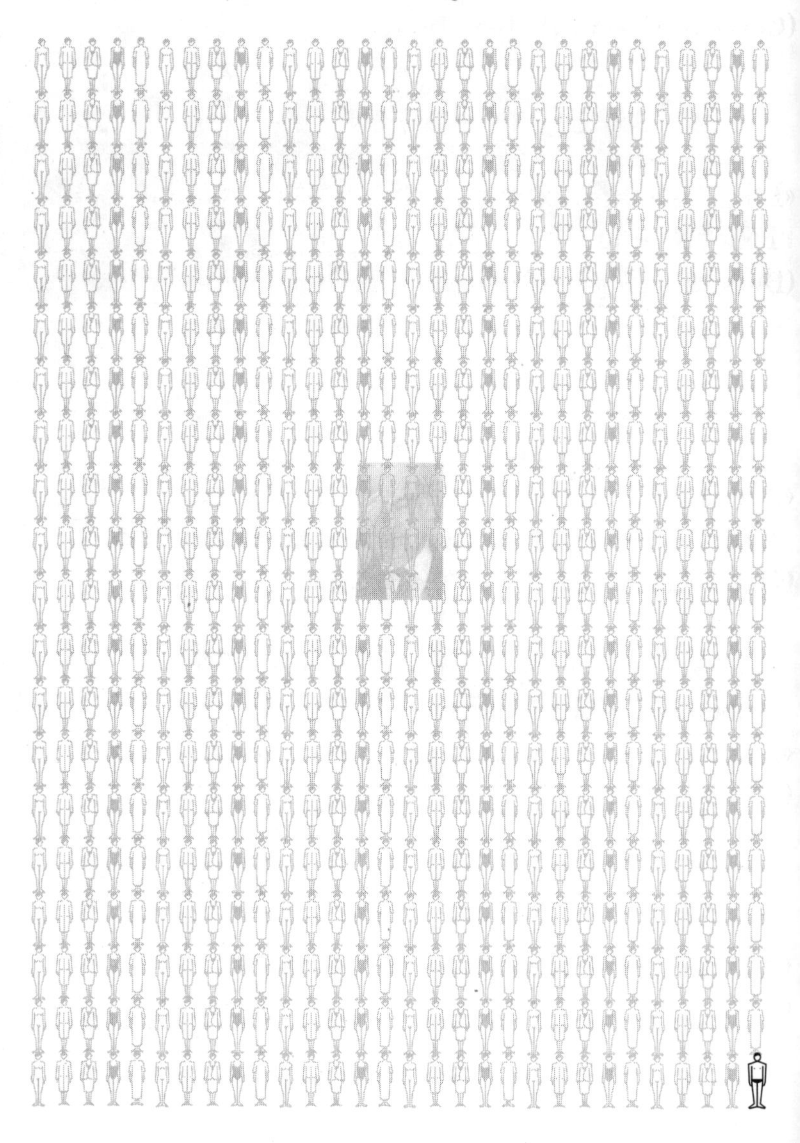

«Frauen werden in wirtschaftlich schwierigen Zeiten eher entlassen und später als Männer wieder eingestellt.»
(Claudia Nolte, ehemalige Familienministerin)

«Die erste Rektorin einer Technischen Hochschule, die eine Frau ist.»
(Bernhard Vogel, ehemaliger Ministerpräsident von Thüringen über Dagmar Schipanski)

«Mein nächster Mann ist kein Mann, sondern eine Frau.»
(Hans Meiser, Talkmaster, in seiner Show, RTL)

«Mein nächster Gast ist eine weibliche Dame.»
(Karl Dall, Komiker, in seiner Show, RTL)

«Meine Leserinnen sind meistens Frauen.»
(Ingrid Noll, Krimiautorin, in «Brigitte-TV», ARD)

«Jetzt mal von Frau zu Frau ...»
(Hans Meiser, Talkmaster, in seiner Show, RTL)

Dieter Thomas Heck, Moderator, zu Angelika Milster, Sängerin: «Sie sind eine wunderbare Frau!»
Sie: «Danke, gleichfalls!»
(Dialog im «Show Palast», ZDF)

MÄNNER

«Der Volker Rühe ist ein guter Mann, die Angela Merkel ist auch ein guter Mann.»
(Norbert Blüm, ehemaliger Arbeitsminister)

«Alle einflussreichen Männer joggen – Bill Clinton, Joschka Fischer, Madonna ...»
(Christoph Süß, Kabarettist, in «Quer ... durch die Woche», BR)

«Drei Männer allein zu Haus – das klappt fast besser als ohne Frau.»
(Ehemann von General Motors-Chefingenieurin Rita Forst in «Die Erlskönigin», ZDF)

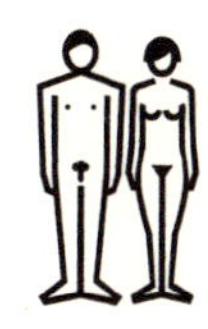

«Wie beurteilt die Bundesregierung die Gefahr, dass durch ein Gesetz zur Strafbarkeit der ‹Vergewaltigung in der Ehe› der letzte Rest persönlicher Beziehungen zwischen den Eheleuten zerstört werden könnte?»
(Benno Zierer, CSU-Politiker)

«Wer in Deutschland vier Frauen hat, kann kein Geld haben.»
(Rainer Brüderle, FDP-Politiker)

SCHWANGERSCHAFT

«Ich spüre, dass ich Phasen der Reproduktion brauche.»
(Johannes B. Kerner, Moderator)

«Tanja und ich werden Papa.»
(Heinz Harald Frentzen, Formel-1-Pilot)

«Ich rauche nicht, weil ich ja jetzt seit drei Jahren schwanger bin.»
(Til Schweigers Ehefrau Dana)

«... als ich von meiner Tochter schwanger wurde ...»
(Katja Riemann, Schauspielerin, bei einem SAT.1-Interview)

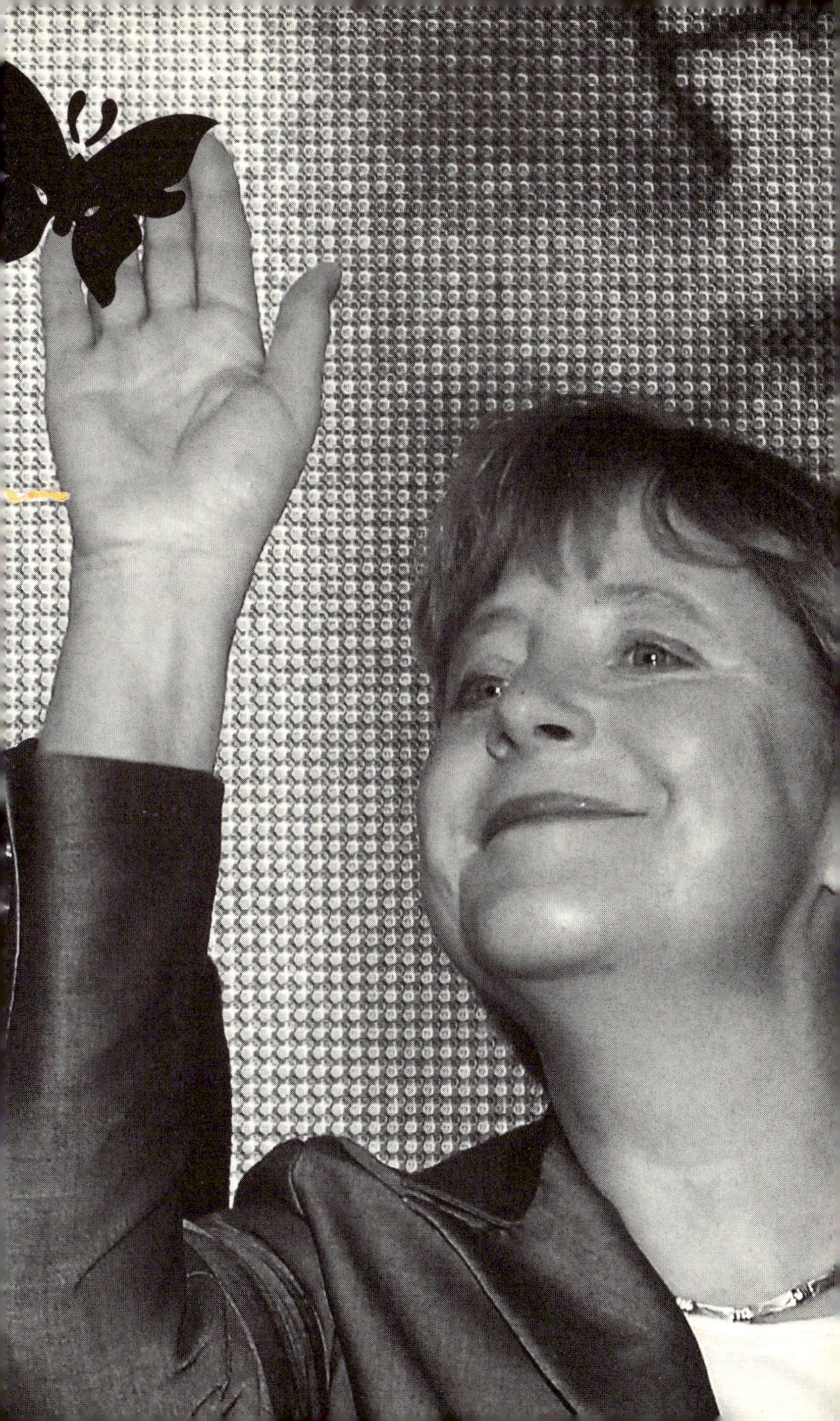

«Ich fühle mich so gut, dass ich am liebsten noch ein paar Jahre im neunten Monat schwanger sein würde.»
(Veronica Ferres, Schauspielerin)

«Ich habe vor einem Jahr aufgehört, Fleisch zu essen, und dann bin ich schwanger geworden.»
(Eva Hermann, Moderatorin, in «Kochen mit Bio», ARD)

«Nicht geborene Mädchen bekommen mit Sicherheit auch keine Kinder.»
(Heinz Lehmann, CDU-Politiker, zur Bevölkerungsentwicklung)

«Ich pass lieber auf meine Zwillinge auf.»
«Wie alt sind sie jetzt?»
«Zweieinhalb.»
«Beide ?????»
(Carlo von Tiedemann, Moderator, beim Interview mit einer Tänzerin)

«Ach, und ihr seid auch gleich alt?»
(Bärbel Schäfer, Moderatorin, im Gespräch mit Zwillingen)

«Zwillinge, das sind ja bekanntlich zwei oder mehr.»
(Verona Feldbusch, ehemalige Schönheitskönigin)

»Das schreckt die Männer ab, wenn man zwei Zwillinge hat»

(Bärbel Schäfer, Moderatorin, in ihrer Talkshow, RTL)

PROMINENTE

«Mich stört das mit der fehlenden Popularität nicht so furchtbar. Man kann auch sagen: Immerhin 30 Millionen Bürger kennen mich – Babys mitgerechnet.»

(Werner Müller, ehemaliger Wirtschaftsminister)

«In meiner Kindheit hat es mir an nichts gefehlt, aber ich musste auf vieles verzichten.»

(Patrick Lindner, Sänger, in «Riverboat», MDR)

«Die Queen, die reichste Frau Deutschlands …»

(Thomas Ohrner, Schauspieler, in «Lass Dich überraschen», ZDF)

«Wer so etwas über Heiner Lauterbach sagt, dem gehört eine Ohrfeige in die Fresse gehauen.»
(Heinz Hoenig, Schauspieler)

ESSEN UND GENIESSEN

«Ich kenne in Berlin so ziemlich alle Currywurstbuden.»
(Gerhard Schröder, Bundeskanzler)

«Sie kommen aus Bad Dürkheim, Herr Schmitt, und sind ein hoch dekoriertes Weingut.»
(Ulrike Neradt, Sängerin und Moderatorin, in der Sendung «Fröhlicher Weinberg», SWR)

«Lassen Sie mich mein Glas erheben – wenn ich eins hätte.»
(Gerhard Schröder, Bundeskanzler)

«Jetzt müssen wir nur noch das Eigelb vom Dotter trennen.»
(Metty Krings, Moderator, in «Super, Metty», S-RTL)

«Das Gemüse schneiden wir klein, weil es nachher handlicher zu essen ist.»
(Alfred Biolek, Moderator)

«Beim Backen muss man nach Rezept kochen.»
(Alfred Biolek, Moderator, zu Guildo Horn)

«Dann gehe ich in einen Bioladen, da sind die Eier auch frei laufend.»
(Jürgen Fliege, Talkmaster)

«Die Suppe wird nicht so heiß gegessen, wie sie gelöffelt wird.»
(Helmut Kohl, Altbundeskanzler)

«Ach so, ihr seid zehn Leute im Kochverein – und wie viele seid ihr da?»

(Britta von Lojewski, Moderatorin, im «Kochduell», VOX)

«Die Asiaten salzen ja sowieso fast nie mit Salz …»

(Alfred Biolek, Moderator, in «Alfredissimo», ARD)

«Am besten schmecken die Erdbeeren, wenn Mutter sie schält und süßt …»

(Günther Jauch, Moderator)

«Vor lauter Globalisierung und Computerisierung dürfen die schönen Dinge des Lebens wie Kartoffel- oder Eintopfkochen nicht zu kurz kommen.»

(Angela Merkel, Vorsitzende der CDU und Kanzlerkandidatin, vor 4000 Landfrauen auf dem Hessentag 2004)

«Die gebogene Schwanzflosse ist ein Zeichen dafür, dass dieser Hummer in lebendem Zustand getötet wurde.»
(Thies Möller, Koch, in «Kochduell», VOX)

«Für unsere Spätzle-Pizza verwenden wir natürlich deutschen Käse – z. B. Gouda oder Emmentaler.»
(Armin Rossmeyer, TV-Koch, im «Frühstücksfernsehen», SAT.1)

«Ich esse am liebsten Geflügel, wie Hühnchen oder Kaninchen.»
(Alfred Biolek, Moderator in «Alfredissimo», ARD)

«Das sollten Sie aber nicht so heiß essen, wie es aus seinem Munde gekommen ist.»
(Michael Mross, Börsenexperte)

«Als echter Kavalier muss er die Suppe ausbrocken, die er sich eingelöffelt hat …»
(Arabella Kiesbauer, Moderatorin, auf Pro7)

«Normalerweise trinke ich hier eine Flasche alkoholfreies Dosenbier!»
(Ollie Dietrich, Schauspieler, in «Wetten, dass …?», ZDF)

«Das ist ein schnelles Gericht – abgesehen von der Zubereitung.»
(Ramona Leiss, Moderatorin)

«… ist lecker, wie übrigens alles, was gut schmeckt.»
(Britta von Lojewski, Moderatorin, im «Kochduell», VOX)

«Meine Kinder waren auch in der Schule, genau wie ich …»
(Norbert Blüm, ehemaliger Arbeitsminister, in «Berlin Mitte», ZDF)

«Was sagst du zur heutigen Schulsituation? Ist es einfacher oder leichter?»
(Vera Int-Veen, Talkmasterin)

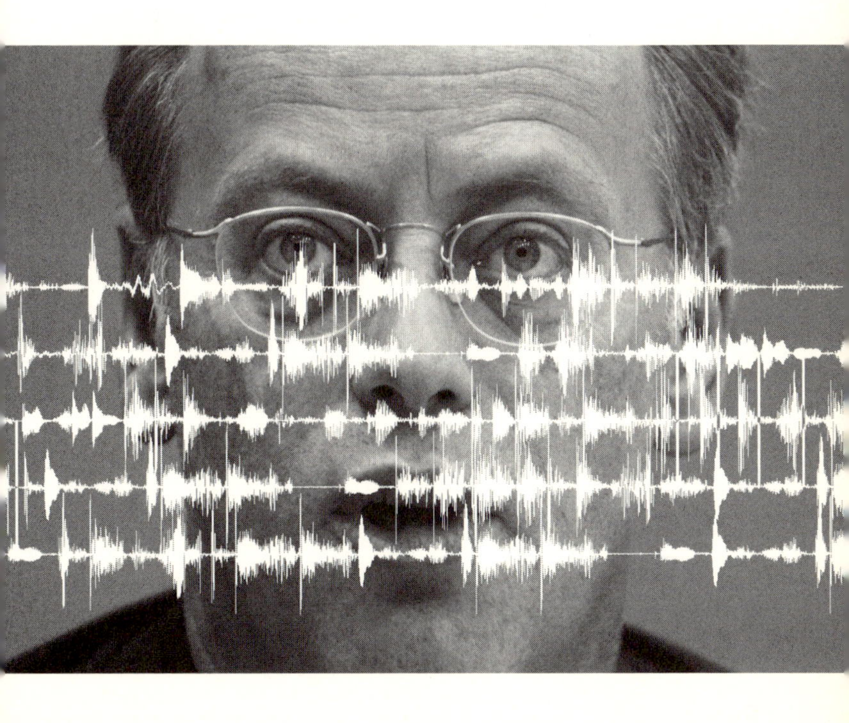

DIE BUNDESBAHN

«Wir sind die beste Bahn in Europa, wenn nicht sogar auf der Welt. Das will uns nicht in den Kopf, dass wir ständig so gemiesepetert werden.»

(Hartmut Mehdorn, Vorsitzender der Deutschen Bahn, vor Journalisten in Berlin zur Kritik an der Deutschen Bahn)

«Die Probleme haben wir deshalb, weil unsere Schienen, unsere Bremsen, unsere Räder mit einem leichten Verwesungsfilm der Blätter benetzt und dadurch rutschiger sind.»

(Hartmut Mehdorn, Vorsitzender der Deutschen Bahn)

«An der Nordseeküste rund um Rügen wird es regnen.»
(Dieter Walch, Wetterexperte)

«Frankreich ist und bleibt unser Nachbar. Doch dasselbe gilt auch umgekehrt.»
(Rainer Barzel, CDU-Politiker)

«Der Osten ist wichtig, wird nach meiner Meinung aber überschätzt. Da wohnt keiner mehr.»
(Franz Maget, bayerischer SPD-Fraktionschef)

«Einmal im Strandkorb liegen und dem Plätschern eines kühlen Gebirgsbaches lauschen …«
(Isabell Varell, Sängerin und Schauspielerin, in «Wann wird`s mal wieder richtig Sommer?», ZDF)

«Solche Berge gibt es nur in den Bergen.»
(Gunther Emmerlich, Opernsänger und Entertainer, in «Zauberhafte Heimat», ARD)

«Es gibt einen Mann in Deutschland, der wohnt in Luxemburg ...»
(Hans Meiser, Talkmaster)

«Wer heute von meiner Pfälzischen Heimat hinüberfährt ins Elsass, der kommt von Europa nach Europa. Das ist eine geradezu faszinierende Entwicklung.»
(Helmut Kohl, Altbundeskanzler)

MATHEMATIK

«Es steht also zu 99 Prozent fest, dass du der Vater des Kindes bist, und jetzt wartest du auf die restlichen 0,1 Prozent?»
(Birte Karalus, Talkmasterin)

«Manche Menschen verbringen bis zu einem Drittel ihres Lebens im Bett. Einige noch länger – bis zu einem Viertel ...»

(Manfred Breuckmann, Sportreporter, im «Mittagsmagazin», WDR)

«Die Zwei, das ist mir vielleicht ein Trio.»

(Rudolf Scharping, ehemaliger Verteidigungsminister)

«Hier sehen wir sechs Kinder. Zwei dieser sieben sind Geschwister.»

(Günther Jauch, Moderator, in «Millionär gesucht», RTL)

«Dein Freund muss sich total ändern. Da reichen nicht einmal mehr 180 Grad, das müssen schon 360 Grad sein ...»

(Arabella Kiesbauer, Moderatorin, in ihrer Sendung, Pro 7)

«Diese beiden Dinger kosten zusammen immer noch 1000 Mark pro Stück.»
(Ulrich Meyer, Moderator)

«Jetzt sind wir zwölf bisher, jetzt kommen drei hinzu, das sind dann siebzehn ...»
(Helmut Kohl, Altbundeskanzler)

«Sie sehen lauter runde Kreise ...»
(Johann Lafer, TV-Koch)

«Alle zehn Jahre werden die Menschen ein Jahr älter.»
(Hans Eichel, Finanzminister, bei «Sabine Christiansen», ARD)

«Wie viele Köpfe hat die neunköpfige Hydra?»
(Christian Clerici, Moderator, in der «Quiz-Show», SAT.1)

«Es geht ihnen vielleicht auch so, die alten Diskussionen laufen immer noch auf D-Mark, und man muss dann sehr schnell mal durch 2, auf 2, also mal 2 rechnen.»
(Edmund Stoiber, Ministerpräsident von Bayern)

«Meine ersten beiden Gäste sind zu dritt gekommen.»
(Hans Meiser, Talkmaster)

«Wie man eine Situation sieht, das ist so, als ob man sagt, je nachdem, wie man es betrachtet, ist ein Glas zwei Drittel voll oder zwei Drittel leer.»
(Matthias Wissmann, ehemaliger Verkehrsminister)

«Es ist wichtig, den kleinsten gemeinsamen Nenner zu finden, der möglichst groß ist.»
(Günther Beckstein, Innenminister von Bayern)

«Ich würde mich nie als Pferd selbst bezeichnen.»
(Joschka Fischer, Außenminister)

«Harry ist keine Taube wie du und ich ...»
(Axel Bulthaupt, Moderator, über Brieftauben in «Brisant», ARD)

«Der wird bald fohlen, der Junge da ...»
(Hans Meiser, Moderator bei einer Pferde-Vorführung in «Notruf», RTL)

«Wild ist ja eigentlich dazu da, in einem naturbelassenen Raum, nämlich Wald, zu leben und sich zu ernähren.»
(Renate Künast, Verbraucherschutzministerin)

«Die Schafe legen sich freiwillig hin und lassen sich die Wolle vom Pelz nehmen.»

(Reinhold Beckmann, Moderator, in der «Guinness-Show», ARD)

«… und sie bauen immer noch Pflanzen an und keine Tiere?»
(Günther Jauch, Moderator)

«Karl, du bist ja eine Konifere auf diesem Gebiet …»
(Eva Hermann, Moderatorin, in der «Karl-Dall-Geburtstagsgala», ARD)

ANATOMIE

«Ich habe das Gefühl, dass die Köpfe hinter der Wirklichkeit hinterherlaufen.»
(Daniel Cohn-Bendit, Präsident der Grünen/ALE im Europaparlament, über die Diskussion um einen EU-Beitritt der Türkei)

«Ich fühle mich harmoniebedürftig wie ein Kinderpopo.»
(Hera Lind, Autorin und Moderatorin, in «Höchstpersönlich», HR)

«Ein hungriger Bauch hat keine Ohren.»
(Oskar Lafontaine, ehemaliger Finanzminister)

«Das ist wiederum einfach so aus der hohlen Hand gerissen.»
(Edmund Stoiber, Ministerpräsident von Bayern)

«Halten Sie die Luft an, und vergessen Sie das Atmen nicht.»
(Johannes B. Kerner, Moderator, in seiner Show, ZDF)

«Mag sein, dass wir nach den Sternen gegriffen haben, aber mindestens haben wir wesentliche Teile davon in der Hand.»
(Gerhard Schröder, Bundeskanzler, zum Rollout des Airbus 380 in Toulouse)

«Meine Bitte an die Politiker: Jeweils mit dem Finger, mit dem sie auf andere zeigen, auch auf sich selbst zu schauen!»

(Wolfgang Clement, Wirtschaftsminister)

«Andere bekommen gleich kalte Füße, wenn ihnen der Wind einmal ins Gesicht bläst.»

(Helmut Kohl, Altbundeskanzler)

«Ich halte was davon, wenn Herr Stoiber heute laut Handelsblatt erklärt, er halte überhaupt nichts davon, wenn ich gestern erklärte: Das sind Zahnlücken von Frau Merkel, das sind nicht unsere.»

(Franz Müntefering, Vorsitzender der SPD)

«Mein ganz persönliches Herz schlägt für die Kinder im Kosovo.»

(Rudolf Scharping, ehemaliger Verteidigungsminister)

«Ich hab ja keine Augen im Rücken, außer jetzt gerade eben.»

(Arabella Kiesbauer, Moderatorin)

«Weiteratmen nicht vergessen – ich mache es gerade mit dem rechten Bein.»

(Antje Kühnemann, Moderatorin, in der Sendung «Die Sprechstunde», BR)

«Wenn man einatmet – mit der Lunge zum Beispiel ...»

(Rudolf Scharping, ehemaliger Verteidigungsminister)

«Und was ist, wenn du einen Unfall baust und dadurch einen vierköpfigen Familienvater umbringst?»

(Arabella Kiesbauer, Moderatorin)

«… was ich mit eigenen Augen gehört habe.»
(Richard von Weizsäcker, Altbundespräsident, in einem Interview zur CDU-Spendenaffäre)

«Man hört nichts, ich hab es genau gesehen.»
(Ramona Leiss, Moderatorin, im «Fernsehgarten», ZDF)

«Wenn man sieht, was ich gelegentlich höre …»
(Wolfgang Thierse, Bundestagspräsident)

«Ich kann's von hier aus nicht sehen, aber es sieht nicht gut aus!»
(Linda de Mol, Moderatorin, in «Domino Day», RTL)

«Die Mitte hat keine Farbe. Aber rot ist sie mit Sicherheit nicht.»
(Edmund Stoiber, Ministerpräsident von Bayern)

«Sie brauchen schon ein Mikroskop, sonst verstehen wir Sie nicht.»
(Hans Meiser, Talkmaster, in seiner Talkshow, RTL)

«Ich kann diese Weltuntergangsstimmung, diese ständige Neigung, geschmerzt, gebeugt durchs Land zu laufen, einfach nicht mehr hören.»
(Horst Seehofer, ehemaliger Gesundheitsminister)

«Ich höre Sie, doch ohne Ton.»
(Hans Meiser, Talkmaster, in seiner Talkshow, RTL)

«Ich sehe aber auch bei der CDU schon Nebengeräusche.»
(Michael Glos, Landesgruppenchef der CSU, in den «Tagesthemen», ARD)

FARBEFFEKTE

«… oder verspricht er Ihnen das Grüne vom Himmel?»
(Oliver Geissen, Moderator, in seiner Show, RTL)

«Sie haben mir das Grüne vom Ei versprochen.»
(Prinz Carl Alexander von Hohenzollern in «Explosiv», RTL)

ALKOHOLISMUS

«So schnell werfen wir die Flinte nicht in den Korn.»
(Dietmar Schutz, Staatssekretär, auf NDR Info)

«Ab Mitternacht gilt: Wer mit 0,5 Prozent Alkohol im Blut erwischt wird ...»
(Anja Wolf, Moderatorin, im «heute-journal», ZDF)

«Wenn jemand 25 Jahre lang exzessiv trinkt – ich finde das toll!»
(Vera Int-Veen, Talkmasterin)

ZEIT

«Wenn man überlegt: Der Tag hat 24 Stunden – da kommt noch die Nacht dazu.»
(Prof. Werner Habermehl, Sexualforscher, bei «Lust statt Frust»)

«In diesen Sekunden erleben wir spannende Minuten.»
(Bodo Morawe, Paris-Korrespondent, ARD)

«Die meisten Menschen sind ihr ganzes Leben auf der Welt.»

(Christian Clerici, Moderator, in der «Quiz-Show», SAT.1)

«Wir sind heute schon vor dem Aufwachen aufgestanden.»

(Ole von Beust, Bürgermeister von Hamburg, im NDR)

«Genießen Sie diesen ersten Montag in der Woche.»

(Sabine Steuernagel, Moderatorin, in «Hallo Niedersachsen» im NDR)

«Und er stand jeden Tag 28 Stunden vor dem Spiegel?»

(Andreas Türck, Talkmaster)

«Es gibt eine abgelaufene Uhr, und die ist abgelaufen.»
(Gregor Gysi, PDS-Politiker, bei «Beckmann», ARD)

«Älter zu werden ist die einzige Chance, länger zu leben.»
(Christa Lörche, SPD-Abgeordnete)

TOD

«Der Tod stellt aus versorgungsrechtlicher Sicht die stärkste Form der Dienstunfähigkeit dar.»
(Niedersächsische Verwaltungsvorschrift, die nach Auskunft von Ministerpräsident Christian Wulff abgeschafft werden soll)

«Es spricht vieles dafür, dass die Toten ums Leben kamen …»
(Dirk Sager, Moskau-Korrespondent, ZDF)

«Eines Tages wacht man auf und ist tot.»
(Wolf Schneider, Publizist, im «Nachtstudio», ZDF)

«Sie sagen, der Schlangenbiss sei tödlich. Wie tödlich?»
(Jürgen Fliege, Talkmaster)

«Der Pilot war sofort tot, verletzt wurde bei dem Unglück jedoch niemand.»
(Gabi Bauer, Moderatorin)

«Da stellt sich die Frage: Darf man 1000 Tote umbringen?»
(Ralf Bauer, Schauspieler und Moderator, in der «NDR Talk Show»)

«Premiere-Kunden leben länger. Monatlich sterben rund 100 unserer Kunden. Beim ZDF sind es sicher hundertmal so viel.»
(Georg Kofler, Manager von Premiere)

«Die heilige Barbara starb den Märtyrertod. Ich hoffe, dass mir das erspart bleibt.»

(Angela Merkel, Vorsitzende der CDU und Kanzlerkandidatin)

HUMOR

«Wir beide, wir haben Humor. Sie … in der Praxis! Ich … in der Theorie.»
(Edmund Stoiber, Ministerpräsident von Bayern)

MUSIK

«Die Kastelruther Spatzen schaffen es, ganz allein die Bühne voll zu machen.»
(Michael Thürnau, Moderator, beim «Festival der Volksmusik», NDR)

«Ich singe manchmal unter der Dusche. Aber selbst ich erkenne die Melodie nicht.»
(Hans Eichel, Finanzminister)

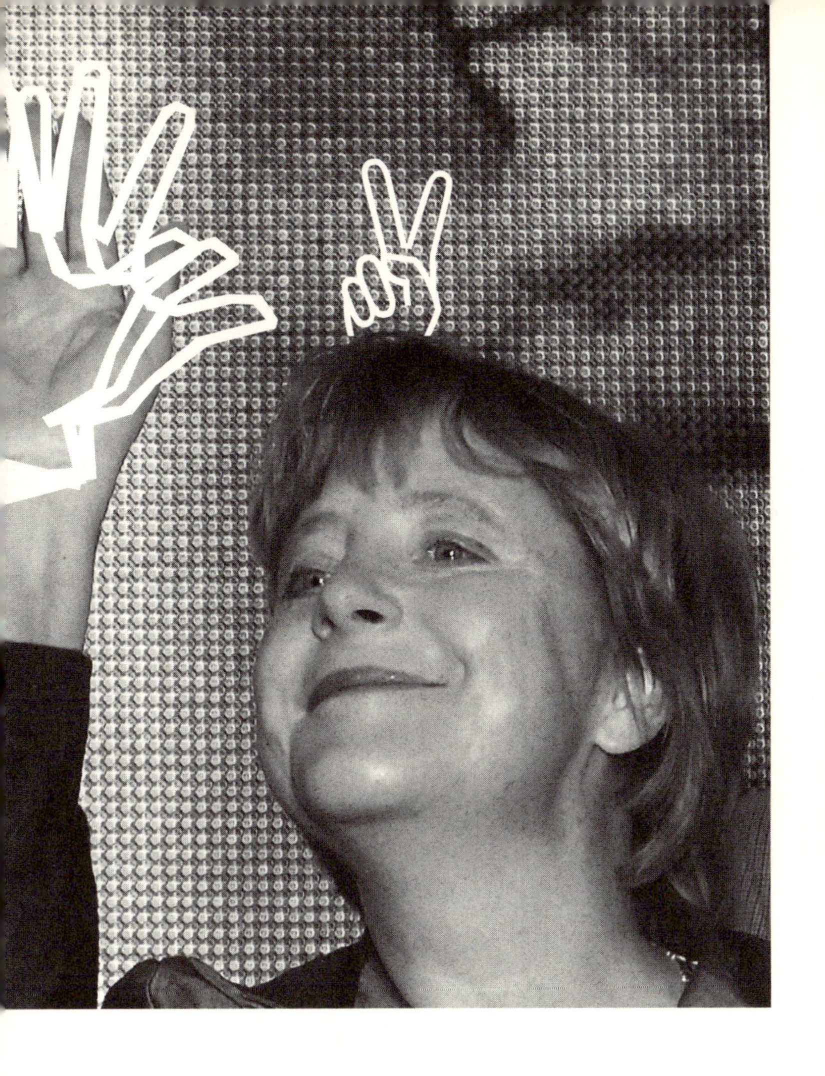

«Sie hat alles, was eine gute Sängerin haben sollte. Eine gute Stimme hat sie auch.»
(Max Schautzer, Moderator, in «Immer wieder sonntags»)

«Acht Stadien wird dieser Mann nächstes Jahr voll machen.»

(Jürgen von der Lippe, Moderator, über Marius Müller-Westernhagen)

«Es folgten unzählige Fernsehauftritte. Ich glaube, man kann sie gar nicht mehr zählen.»

(Patrick Lindner, Sänger)

«Bei diesem Lied bekomme ich immer eine Hühnerhaut …»

(Andy Borg, Sänger, in der «Schlagerparade der Volksmusik», ARD)

«Ihr habt ein Sextett gegründet – wie viele Leute sind das?»

(Petra Kusch-Lück, Moderatorin, in der «Musikantenscheune», ORB)

«Jeder von uns hat Fans, die ihn mögen, und Fans, die ihn nicht mögen.»

(Joy Fleming, Sängerin, in «Mein Morgen», RTL)

«Wie fühlst du dich, wenn du im Autoradio sitzt und einen alten Beatles-Song hörst?»

(Thomas Gottschalk, Moderator, zu Ringo Starr)

«Während der Pause können sie ja an ihren Stimmen laborieren.»

(Nina Ruge, Moderatorin, beim Konzert der «Drei Tenöre», ZDF)

«Die Menschen liegen auf Ihren Lippen …»
(Reinhold Beckmann, Moderator, zu Marcel Reich-Ranicki in «Beckmann», ARD)

«Hier sind drei Sprüche aus der Bibel – einer davon ist nicht aus der Bibel.»
(Thomas Gottschalk, Moderator, in «Gottschalk kommt», SAT.1)

«Was ich an Ihrem Buch so gut finde, ist, dass es ganz vorn beginnt …»
(Alida Gundlach, Talkmasterin, zu Rainer Barzel in der «NDR Talk Show»)

BILDENDE KUNST

«Man sagt mir immer nach, wo ich bin, muss ich etwas in die Wand schlagen. Nägel, und Bilder …»

(Jenna Kartes, Moderatorin, in der Sendung «Do it yourself», 9Live)

«Man darf hier auch keine schwarzen Männer an die Wand malen, die nur ganz Deutschland verrückt machen.»

(Angela Merkel, Vorsitzende der CDU und Kanzlerkandidatin)

APHORISMEN

«Natürlich muss das Finale als letztes Spiel eines Weltmeisterschaftsturniers gesehen werden.»

(Helmut Kohl, Altbundeskanzler)

«Gerade in schwierigen Zeiten muss man das Glas nicht halb voll, sondern … äh, nein: nicht halb leer, sondern halb voll betrachten.»

(Willi Berchtold, Präsident des IT-Branchenverbandes BITKOM, auf der CeBIT)

«Es gibt ja auch erfreuliche Anlässe wie Hochzeit oder Beerdigung …»

(Vera Int-Veen, Talkmasterin)

«Den goldenen Weg, dass man die Probleme sozusagen mit einem goldenen Federstrich erschlägt, den gibt es nicht.»

(Angela Merkel, Vorsitzende der CDU und Kanzlerkandidatin)

«Schöne Sprüche klopfen führt nicht weiter, ganz gleich, welche Farbe sie haben.»

(Franz Müntefering, Vorsitzender der SPD)

«Wir sind nicht allein auf der Welt – schon gar nicht in Europa»

(Helmut Kohl, Altbundeskanzler, im Interview mit Klaus-Peter Siegloch, ZDF)

«Jeder Kandidat hat einen Ständer ...»

(Jörg Kachelmann, Wetterexperte)

«Besser man hat einen klaren Kopf als einen runden Tisch.»

(Wolfgang Gerhardt, FDP-Politiker)

«Bademoden kann man auch im Hallenbad tragen.»

(Ramona Leiss, Moderatorin, im «Fernsehgarten», ZDF)

«Man muss Berufliches vom Job trennen können.»

(Dieter Bohlen, Sänger)

«Wirtschaft ohne Energie geht schon physikalisch nicht.»
(Wolfgang Clement, Wirtschaftsminister)

«Was getan werden muss, wenn etwas getan werden muss, muss natürlich getan werden!»
(Hans Eichel, Finanzminister)

«Wenn ich nicht verliere, kann der andere nicht gewinnen.»
(Boris Becker, Extennisstar)

«Die Grundlage jeder Basis ist das Fundament ...»
(Peter Sodann, «Tatort»-Kommissar, bei «Sabine Christiansen», ARD)

«Es kann in die Hose gehen, aber es kann natürlich auch schief gehen.»
(Christian Danner, Formel-1-Pilot, beim «GP von Österreich», RTL)

«Je länger das Spiel dauert, desto weniger Zeit bleibt.»
(Marcel Reif, Fußballreporter)

«Jeder ist seines Schmiedes Glück.»
(Martin Semmelrogge, Schauspieler, in «Berlin Mitte», ZDF)

«Obwohl es nur ein Spiel war, war es doch mehr als ein Spiel.»
(Johannes Rau, Altbundespräsident)

«Jeder Sieg, den man verliert, ist einfach furchtbar.»
(Christian Danner, Formel-1-Pilot)

«Man soll nicht alles so hochsterilisieren.»
(Jochen Sattler, Moderator, im «Newscenter», DSF)

«Alles hängt mit allem zusammen.»
(Franz Müntefering, Vorsitzender der SPD)

«Manchmal gibt es Gegensätze, die gar keine sind.»
(Peter Hintze, ehemaliger Generalsekretär der CDU)

«Man kann die Angelegenheit so oder so sehen. Ich sehe sie so.»
(Gerhard Schröder, Bundeskanzler)

«Alles ist unsicher, solange nicht alles klar ist.»
(Franz Müntefering, Vorsitzender der SPD)

«Wer versucht, die Realität zu verdrängen, den drängt die Realität beiseite.»
(Gerhard Schröder, Bundeskanzler)

FUSSBALL

«Was den Bundestrainer angeht, will ich Ihnen gerne mitteilen, ich habe mich nicht beworben.»
(Gerhard Schröder, Bundeskanzler)

«Also, wenn Sie dieses unser ganzes Jahrhundert überblicken, und die WM kommt nach Deutschland – 2006 ist das Jahrhundert zu Ende.»
(Helmut Kohl, Altbundeskanzler)

«Ich habe jahrelang Fußball gespielt – auch aktiv!»
(Gerhard Schröder, Bundeskanzler)

«Ich liebe Deutschland, meine sehr verehrten Damen und Herren. Und wenn man dieses Land liebt, dann muss man mehr tun, als bei einem Sieg der deutschen Fußballmannschaft sozusagen aufzuspringen und sich zu freuen.»
(Edmund Stoiber, Ministerpräsident von Bayern)

«Die Portugiesen werden gewinnen. Allein schon, weil sie rot-grüne Trikots tragen.»
(Franz Müntefering, Vorsitzender der SPD)

«Marion Hughes ist eine sehr erfahrene Reiterin. Sie stammt aus einer Pferdefamilie.»
(Reporter bei der Springreiter-EM, ZDF)

«Dieser Sprung ist besonders schwierig, weil die Pferde zwischen dem weißen und dem roten Hindernis Beifall klatschen.»
(Armin Basche, Autor, in «Sport extra», ZDF)

«Nun will ich noch einmal auf der Titanic reiten.»
(Erich Böhme, Talkmaster, in «Talk im Turm», SAT.1)

«Polo ist eine schwierige Sportart. Prinz Charles hat sich dabei schon so manchen Arm gebrochen.»
(Manuela Lundgren, Moderatorin, im «Hamburg Journal», N3)

DER GRÜNE PUNKT
VISA
DIGITAL AUDIO
PHILIPS
Capitol
DB
Coca-Cola
Coke
CNN
TV
FOOD
69
FONT LICENCE SEE READ ME FOR DETAILS

UND SONST?

«Als Hobby-Angler bin ich gespannt, wie Sie dem Fisch das Fell über die Haut ziehen.»

(Harry Wijnvoord, Moderator, in «Leben & Wohnen», tm3)

«Die Medaillen sind vergeben, wer sie bekommt, ist offen.»

(Dieter Kollacl, Kugelstoßtrainer)

«Man muss beim Motorradfahren einen Helm tragen, damit, wenn man auf die Nase fällt, der Kopf geschützt ist.»

(Andrea Lamar, Moderatorin, in «9Live»)

«Da ich nun seit 15 Jahren auf eigenen Beinen stehen muss, habe ich gelernt zu schwimmen.»

(Boris Becker, Extennisstar)

maxfield

«Ich komme mit den meisten Kollegen klar. Mit den Menschen sowieso.»
(Wolfgang Petry, Sänger)

«Siebzig Prozent des Produktivitätsaufkommens ist lokal … lokal äh gebunden … äh lokal … äh … zu sehen in Lokalbezügen zu sehen …»
(Otto Schily, Innenminister)

«Schwule und Lesben sind für alles geeignet – sogar als Papst.»
(Franz Müntefering, SPD-Vorsitzender)

«Die Größe der Touristen ist auf Menorca kleiner als auf Mallorca.»
(Peter Schöllhorn, Finanzexperte, in der «3sat-Börse», 3sat)

«Wenn ich mich an eine Zeit erinnere, wo ich noch nicht gelebt habe …»
(Reinhold Messner, Bergsteiger)

«Die Frage auf die Antwort dürfte dir leicht fallen.»
(Kai Böcking, Moderator, in «Jetzt kannst du was erleben», ZDF)

«In Florida könnte ich Tag und Nacht in der Sonne liegen.»
(Howard Carpendale, Sänger)

«Als Sie damals vor über 100 Jahren zum ersten Mal durch den Schnee gegangen sind …»
(Hans Meiser, Moderator, zu einem Bergretter in «Notruf», RTL)

«Es ist viel Landschaft hier – nicht nur im Ort, sondern auch draußen!»
(Karl Moik, Moderator)

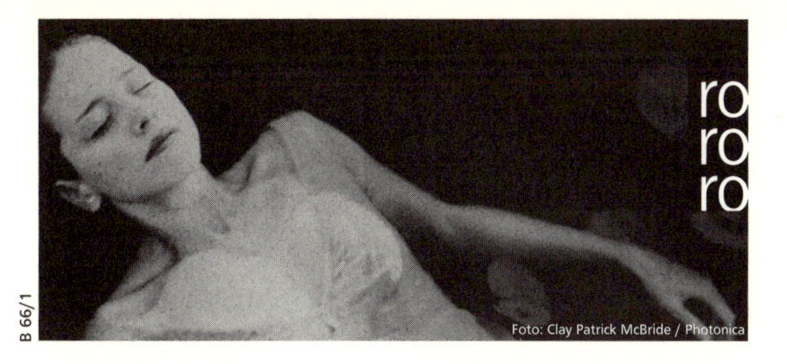

Foto: Clay Patrick McBride / Photonica

Mörderisches Deutschland

Eisbein & Sauerkraut, Gartenzwerg & Reihenhaus, Mord & Totschlag

Boris Meyn
Die rote Stadt
Ein historischer Kriminalroman
3-499-23407-6

Elke Loewe
Herbstprinz
Valerie Blooms zweites Jahr in Augustenfleth. 3-499-23396-7

Petra Hammesfahr
Das letzte Opfer
Roman. 3-499-23454-8

Renate Kampmann
Die Macht der Bilder
Roman. 3-499-23413-0

Sandra Lüpkes
Fischer, wie tief ist das Wasser
Ein Küsten-Krimi. 3-499-23416-5

Leenders/Bay/Leenders
Augenzeugen
Roman. 3-499-23281-2

Petra Oelker
Der Klosterwald
Roman. 3-499-23431-9

Carlo Schäfer
Der Keltenkreis
Roman
Eine unheimliche Serie von Morden versetzt Heidelberg in Angst und Schrecken. Der zweite Fall für Kommissar Theuer und sein ungewöhnliches Team.

3-499-23414-9

Weitere Informationen in der Rowohlt Revue oder unter www.rororo.de